Bayerische Verwaltung
der staatlichen Schlösser,
Gärten und Seen

Peter O. Krückmann

Das Land
Ludwigs II.

Königsschlösser und Stiftsresidenzen
in Oberbayern und Schwaben

Prestel
München · London · New York

INHALT

Bereits in der Zeit des Rokoko, als »die Wies«, die wohl bekannteste Wallfahrtskirche Bayerns, entstand, war Schwaben ein Zentrum für Kunst und Kultur.

Oben: Das Bildnis König Ludwigs II. in Offiziersuniform malte Wilhelm Tauber 1864 unmittelbar nach der Thronbesteigung (Ludwig II.-Museum im Schloss Herrenchiemsee).

Seit seiner Jugend, in der Ludwig mit den Eltern die Sommermonate in Hohenschwangau verbrachte, war ihm die Voralpengegend, in der er später Neuschwanstein errichtete, vertraut.

Zwischen dem Bodensee im Westen und dem Salzburger Land im Osten erstreckt sich eine Region, der an Alter und Reichtum wohl nur wenige andere Gegenden zur Seite gestellt werden können. In mehreren Wellen entstand hier über Jahrhunderte eine Kulturlandschaft, die heute weithin zum Inbegriff bayerischer Identität geworden ist. Bis in vorrömische Zeiten reichen die Wurzeln. Eine der ältesten deutschen Städte erhebt sich hier an der Iller, das bald nach der Zeitenwende von Kaiser Tiberius auf keltischem Grund errichtete Cambodunum, das heutige Kempten. Im Mittelalter brachte das 8. Jahrhundert eine Blütezeit von kaum geahntem Ausmaß, als in diesem Gebiet große Klostergründungen stattfanden. Benediktbeuern (739-40) ist das Urkloster im bayerischen Voralpenland. Ihm folgen in dichter Folge Tegernsee (vor 746), Füssen (748), Polling (750), Ottobeuren (764) sowie Frauenchiemsee und Herrenchiemsee (766), um nur einige der bekanntesten zu nennen. Gründer waren meist bayerische und fränkische Fürsten, die so nicht nur für ihr Seelenheil und das ihrer Untertanen vorsorgten, sondern mit diesen Stiftungen auch die entscheidenden Impulse zur Kultivierung der Landschaft gaben. Erst die weitflächigen Rodungen und die Umwandlung in landwirtschaftlich nutzbare Flächen gaben dem Hochland sein liebliches, abwechslungsreiches Aussehen, das oft genug an eine weite Parklandschaft erinnert. Alle diese Klöster waren ebenso Zentren von Kunst und Wissenschaft. Das 18. Jahrhundert brachte noch einmal einen Höhepunkt, als günstige politische Verhältnisse, beachtlicher Reichtum und ein erstarkter Volksglaube das bayerische Rokoko hervorbrachten. In dieser Zeit entstand ab 1743 das wohl bekannteste Rokokogebäude dieser Region, die Wallfahrtskirche Zum Gegeißelten Heiland, besser bekannt unter dem Ortsnamen **Wies**.

Bis zum Ende des 18. Jahrhunderts flößte die schroffe Gebirgswelt den Reisenden Angst und Ehrfurcht ein. Naturbegeisterung wurde erst seit dem 19. Jahrhundert ein Motiv, die immer stärker beeindruckende Welt der Alpen aufzusuchen, bis hin zu König Ludwig II. von Bayern, für den das Gebirge zum bevorzugten Lebensraum wurde. Hier ließ er seine architektonischen Visionen Realität werden. In der knappen Zeitspanne von rund zwei Jahrzehnten entstanden ab 1868 die **Schlösser Neuschwanstein, Linderhof** und **Herrenchiemsee** sowie zahlreiche »Königshäuser« wie etwa das auf dem **Schachen**. Als Orte des Rückzugs gedacht, ziehen sie heute jährlich Millionen von Touristen an. Für viele von ihnen wäre ein Besuch Deutschlands nur ein halbes Erlebnis, wenn man nicht wenigstens eines von Ludwigs »Märchenschlössern« aufgesucht hat.

Von den etwa 800 Burgen und Schlössern, die heute in Bayern existieren, stehen nahezu 50 unter der Obhut der Bayerischen Schlösserverwaltung. Sie ist damit einer der größten öffentlichen Museumsträger in Deutschland. Mit großem finanziellen Aufwand werden ihre Sehenswürdigkeiten gepflegt, restauriert und zeitgemäß präsentiert. Die Bauwerke und Gärten im Voralpengebiet, dem »Land König Ludwigs II.«, werden in diesem Bildband vorgestellt. Zusammen mit drei weiteren Bänden macht er mit der faszinierenden Welt der Burgen und Schlösser, Parks und Seen in Bayern bekannt.

RESIDENZ KEMPTEN

Kaum ein anderer Klosterkomplex verkörpert so exemplarisch das Wesen der süddeutschen Stifte wie die Residenz der Fürstäbte zu Kempten, die zugleich geistlicher Vorstand des Klosters und weltliche Herrscher über ein ausgedehntes Territorium, das »Fürststift Kempten«, waren. Als Landesherren beanspruchten sie nach Art aller Barockfürsten eine standesgemäße, prunkvolle Hofhaltung. In ihrer ausgedehnten Gestalt repräsentiert die fürstäbtliche Residenz geradezu exemplarisch den Machtanspruch der deutschen Kleinstaaten im 17. und 18.

Jahrhundert, und was ihr Alter angeht, so zählt sie zu den ältesten Klostergründungen aus karolingischer Zeit. Bis um 730 reichen ihre Wurzeln zurück. Damals errichtete der St. Galler Mönch Audogar eine Missions-zelle am Illerufer gegenüber der ehemaligen Römersiedlung Cambodunum. Nur 22 Jahre dau-erte es, bis nach diesen beschei-denen Anfängen das Kloster Kempten gegründet wurde. Als Stifterin gilt die zweite Gemahlin Karls des Großen, die später hei-lig gesprochene Hildegard von

Das ehemalige Benediktinerkloster mit der Stiftskirche St. Lorenz ist die erste monumentale Klosteranlage in Deutschland nach dem Dreißigjährigen Krieg. Sie wurde das Vorbild für zahlreiche Nachfolgebauten.

Schwaben. Der Ungarnsturm, dem das Kloster 926 zum Opfer fiel, führte schließlich zu seiner Verlegung auf eine Anhöhe außerhalb der damaligen Stadt. Seit der Belehnung 1213 mit der Grafschaft Kempten waren die Äbte souveräne Reichsfürsten. Indessen durfte sich Kempten ab 1361 Freie Reichsstadt nennen, was das Verhältnis zwischen Stift und Bürgerschaft bis hin zu ungezügelten Gewaltausbrüchen für lange Zeit vergiftete. Die Einführung der Reformation 1527 in der Stadt trug zur Verschärfung des Konflikts bei, der schließlich 1632 zur Entladung kam, als die Schweden zusammen mit der protestantischen Reichsstadt das Kloster »zu einem lauteren Steinhaufen« niederrissen. Die Revanche ließ nicht lange auf sich warten, denn unmittelbar darauf wurden durch die kaiserlichen Truppen ganze Teile der Altstadt zerstört und ein Drittel der Bevölkerung erschlagen. Die heutige Klosteranlage wurde nach dem Ende des Dreißigjährigen Krieges seit 1652 errichtet.

Kunsthistorisch gesehen ist die **Residenz Kempten** als die erste monu-mentale Klosteranlage des Barock in Deutschland von großer Wichtigkeit. An heutige Großbauten gewöhnt, fällt es vielleicht schwer, in ihrer äußeren Erscheinung die architektonische Bedeutung dieser Anlage sofort zu erkennen. Nicht in der Detailschönheit der Formen liegt sie, sondern in der Zurschaustel-lung von Macht und Selbstbewusstsein durch die Massigkeit des kaum geglie-derten Baukörpers. Mit der Zuordnung des beherrschend auf einer Anhöhe stehenden Klosterdoms zu der Klosterresidenz, die um zwei große quadratische

Rechts: Die künstlerische Qualität der detailfreudigen Ornamente zeigt der Wandausschnitt aus dem Schlafzimmer des Fürstabts. (großes Bild)

Die fürstäbtlichen Räume wurden nach 1735 in Anlehnung an die Reichen Zimmer der Münchner Residenz von Wessobrunner Stuckateuren ausgestattet.

Links: Das harmonische Zusammenspiel von Stuck, Skulptur und Malerei macht den Thronsaal nicht nur zum Höhepunkt der Raumfolge, sondern auch zum Paradebeispiel eines Gesamtkunstwerks des Rokoko.

Rechts: Die allegorische Figur der Friedfertigkeit schuf der aus Antwerpen stammende Aegid Verhelst, der in der bayerischen Kunst des 18. Jahrhunderts eine führende Rolle einnahm.

Einer der produktivsten Stuckateure des bayerischen Rokoko war Johann Georg Üblher, der auch im Thronsaal den Stuck schuf, so auch das Relief mit der Allegorie der Architektur.

Die Gemälde von Franz Georg Hermann im Tag- bzw.
Arbeitszimmer zeigen die Kardinaltugenden. Das Thema
findet im Deckengemälde seine Fortsetzung, das den Weg
der christlichen Seele zeigt, die mit Hilfe der göttlichen
Tugenden in den Himmel geführt wird.

Höfe errichtet ist, hatte der Vorarlberger Architekt Beer ein zukunftsweisendes Modell erfunden, das über ein Jahrhundert als Vorbild für viele ähnliche Bau- aufgaben diente.

Ein weiterer künstlerischer Höhepunkt entstand im 18. Jahrhundert, als Fürstabt Anselm I. Freiherr von Meldegg seine Repräsentationsräume mit filigra- nem Stuck und dekorativen Wandmalereien, mit farbig gefassten Türen und ornamentierten Parkettböden zu Gesamtkunstwerken des anbrechenden Rokoko verwandelte. Wer diese Raumfolge betritt, wird Mühe haben, sich zu vergegenwärtigen, dass er sich in einem Kloster aufhält. So sehr haben sich Geschmack und Repräsentationsbedürfnis auch eines geistlichen Fürsten dem künstlerischen Anspruch der europäi- schen Metropolen angeglichen.

Jakobs Traum von der Himmelsleiter, das Deckengemälde von Franz Georg Hermann im Schlafzimmer des Fürstabts, ist eine verschlüsselte Darstellung seiner Aufnahme in den Himmel.

Entgegen der heutigen Situation betrat man einst das Gebäude durch das Mittelportal des Längsflügels. Über eine Stiege gelangte der Besucher, nachdem er einen Vorraum durch- schritten hatte, in den prachtvollen, zweigeschossigen **Thronsaal**, das Zen- trum des Staatsappartements und der gesamten Klosterresidenz. Zu Recht wird er in einem namhaften Führer als »einer der qualitätvollsten Räume des Bayerisch-Schwäbischen Rokoko« bezeichnet. Polierter Stuckmarmor, Spiegel und funkelnde Lüster sowie ein weitgespanntes Deckengemälde führen dem Besucher unmissverständ- lich die Größe und Bedeutung des Fürsten vor Augen. Das Fresko von Franz Georg Hermann gilt der Ver- herrlichung des Fürststiftes und seiner Gründungsgeschichte. Zusammen mit den hervorragenden Figuren des Bildhauers Aegid Verhelst, die die fürstlichen Tugenden der Friedfertig- keit, Liebe, Stärke und Weisheit dar- stellen, stellt der Raum die politisch- historische Legitimation dieses kleinen Fürstentums vor Augen.

Über den Bibliothekssaal betritt man das eigentliche Audienzzimmer. Hier hat Hermann das beziehungsreiche Deckengemälde mit der »Königin von Saba vor dem Thron König Salomons« dargestellt. Die Aussage ist klar: Der Fürstabt von Meldegg vergleicht sich mit dem weisesten aller Könige, mit dem gerechten Salomon, dem selbst eine so mächtige und reiche Königin wie die von Saba huldigt! Auf Kempten bezogen ist das eine Gleichsetzung, die uns Heutige schmunzeln lässt, im 18. Jahrhundert aber, der Zeit des Spätabsolutismus, waren Selbstverherrlichungen solcher Art gang und gäbe.

Die Raumabfolge führt weiter über das **Tag- bzw. Arbeitszimmer** mit den eindrucksvollen Intarsienschränken in das **Schlafzimmer.** Seit dem Sonnenkönig Ludwig XIV. waren Aufstehen und Zubettgehen die Höhepunkte des fürst-

lichen Zeremoniells, entsprechend kostbar ist die Ausstattung. Die Raumfunktion greift das Deckengemälde mit einer allegorischen Darstellung des Abendhimmels auf. Im hinteren Teil des Raumes, dort, wo abgesondert das Paradebett des Abtes stand, ließ er »Jakobs Traum von der Himmelsleiter« malen. Eine solche Darstellung in einem Schlafzimmer scheint nichts Ungewöhnliches zu haben. Doch neben der Thematik des Schlafes verbirgt sich noch eine weitergehende Aussage darin. So wie Jakob träumte, dass von ihm zum Himmel eine Leiter reiche, an der Engel auf und nieder schwebten, wurde dieses Bild zum Symbol für den Weg und die Aufnahme in den Himmel: auf den Abt bezogen eine versteckte Apotheose der eigenen Person! Im weltlichen Bereich sind solche Selbstallegorisierungen öfter zu finden, und es wurde auch nicht als Lästerung angesehen, wenn der Herrscher seine Aufnahme in den Götterhimmel darstellen ließ. In kirchlichen Gebäuden wäre eine solche Darstellung als Anmaßung verurteilt worden. Mit der **Hofkanzlei**, einem schlichten Eckraum mit Erker, endet die Folge der fürstlichen Räume.

Einschneidende Ereignisse wie die Reformation oder der Dreißigjährige Krieg konnten das Kloster nur zeitweise gefährden. Erst die Säkularisation führte zum Untergang der jahrhundertealten fürstäbtlichen Tradition. Damit waren auch die Prunkräume überflüssig geworden, mit denen man nichts mehr so recht anzufangen wusste. Man nutzte sie als Büros. Erst seit 1992 sind sie nach umfangreichen Restaurierungen wieder in ihrer alten Pracht zugänglich.

Im Schlafzimmer halten freiplastische Putten ein Gemälde mit der Schmerzensmutter unter einem himmlischen Baldachin in die Höhe.

Rechts oben: Das Gemälde von Ferdinand Piloty aus dem Jahr 1865 zeigt den jugendlichen Ludwig in Generaluniform mit Krönungsornat. Der Mantel und das Gemälde sind heute in Herrenchiemsee ausgestellt, die Krone in der Schatzkammer der Residenz München.

Unten links: Unweit Schloss Berg markiert ein Kreuz die Stelle im Starnberger See, an der König Ludwig zusammen mit dem Arzt Dr. von Gudden tot aufgefunden wurde.

Gerade 18 Jahre war er geworden, als Ludwig nach dem Tod seines Vaters Max II. 1864 gekrönt wurde. »Bayerns jüngster und Bayerns schönster König« nahm mit seinem charmanten und verbindlichen Wesen spontan weiteste Teile der Bevölkerung für sich ein. Niemand ahnte zu diesem Zeitpunkt, dass Ludwig nicht bereit war, sich zu einer »Unterschreib-maschine« degradieren zu lassen. Jedenfalls meinte er, dass das sein Schicksal als konstitutioneller Monarch sei. Sein Ideal war ein anderes: die absolutistische Herrschaftsidee Ludwigs XIV. Zu jener Zeit eine schon lange anachronistische Vorstellung, die aus der geschichtlichen Vergangenheit und aus den deutschen Heldensagen, die ihm von den Ausmalungen im elter-lichen Schloss Hohenschwangau vertraut waren, genährt wurde. Aber auch verheißungsvolle Berichte über den exotischen Orient haben seine empfäng-liche Fantasie beflügelt. Doch all dies reicht nicht aus, um den »Märchenkönig« und sein Wesen zu ver-stehen. Er selbst berichtet in einem Brief, dass seine Jugend alles andere als glücklich verlief. Er empfand seine Kindheit als »eine Kette demütigender Peinigungen«, was gewiss dazu beitrug, dass sich der sensible Ludwig mehr und mehr in eine Fantasiewelt zurückzog. Auch die reale Politik verbitterte ihn zutiefst. Er musste miterleben, wie Preußen bis 1870, als das Deutsche Reich gegründet wurde, die Hegemonie in Deutschland anstrebte, und zwar auf Kosten der Souveränität der Teilstaaten. Vor diesem Hintergrund wirkt die immense Bautätigkeit Ludwigs bis zu seinem ungeklärten Tod 1886 wie das Zeichen einer trotzigen Selbstbehauptung.

Rechts: Zu den legendären Vergnügungen des Königs zählen die nächtlichen Schlitten-partien, die er von Schloss Linderhof aus unternahm, Gemälde von R. Wenig, um 1885/86 (Marstallmuseum in Schloss Nymphenburg).

SCHLOSS NEUSCHWANSTEIN

Es konnte nicht schnell genug gehen. 1868, also nur vier Jahre nach seiner Thronbesteigung, ließ der 23-jährige König Ludwig II. erste Pläne für den Bau einer Burg in Sichtweite der elterlichen Burg Hohenschwangau ausarbeiten. An die Eindrücke von Hohenschwangau anknüpfend, sah sich Ludwig in der Tradition mittelalterlichen Rittertums. Aus der anfänglichen Idee einer kleinen, fast verspielt wirkenden Anlage erwuchs bald der Plan für eine monumentale Burg in neoromanischem Stil. 1880 war der Palast, der zugleich Burg und Schloss ist, im Rohbau fertig, vollendet wurde die Gesamtanlage erst 1892, also nach dem Tod des Königs. Nur die wichtigsten Räume des Palas', des Wohn- und Saalbaus, konnten noch zu Lebzeiten ausgestattet werden.

Man muss eine lange Auffahrt zurücklegen, bis man vor dem zinnengekrönten **Torbau** mit den flankierenden Ecktürmen anlangt. Überraschend weitläufig liegen dahinter erst der untere und darüber der obere Schlosshof. Auf ihm sollte ursprünglich noch der Bergfried mit einer Kirche errichtet werden. Den Hof umgeben im Norden das Ritterhaus, gegenüber der Kemenatenbau und alles überragend das Hauptgebäude, der Palas, mit der Wohnung des Königs und dem Thronsaal. Über eine Wendeltreppe gelangt man in das dritte Obergeschoss, wo der Rundgang beginnt. Dort ragt auf der einen Seite der Thronsaal auf, auf der anderen erstrecken sich die privaten Wohnräume des Königs. Das Verbindungsglied bildet der »Vorplatz«, ein keilförmiger Raum mit Kreuzrippengewölbe. Sagenbilder, die hier wie auch sonst in den meisten Räumen die Wände schmücken, machen das Schloss förmlich zu einem begehbaren Bilderbuch.

Ursprünglich sollte Neuschwanstein ein »Tempel« Richard Wagners werden. Tristan und Isolde, Lohengrin, Tannhäuser und Die Meistersinger sind deshalb auch die Opern, aus denen die Motive für die Wandbilder übernommen werden sollten. Dann aber befahl der Bauherr, dass man sich bei der Ausgestaltung der Räume nicht an den Opern, sondern an den ursprünglichen Sagen zu orientieren habe. Er wollte so vermeiden, dass die Räume lediglich wie Illustrationen zu den Opern des väterlichen Freundes wirken würden. Ludwig ging

Eine Bilderbuchkulisse: Neuschwanstein mit dem dahinter liegenden Alpsee, rechts Schloss Hohenschwangau, im Hintergrund die Schlickensilhouette.
Neuschwanstein von Süden, Baustand November 1881, Fotografie von Ludwig Schradler und Sohn, Füssen

Oben: Wenige Tage nach seiner Thronbesteigung 1864 lädt Ludwig Richard Wagner zu sich nach München ein: der Beginn einer folgenreichen Beziehung (Ausschnitt aus dem Gemälde von Fritz Bergen, um 1890)

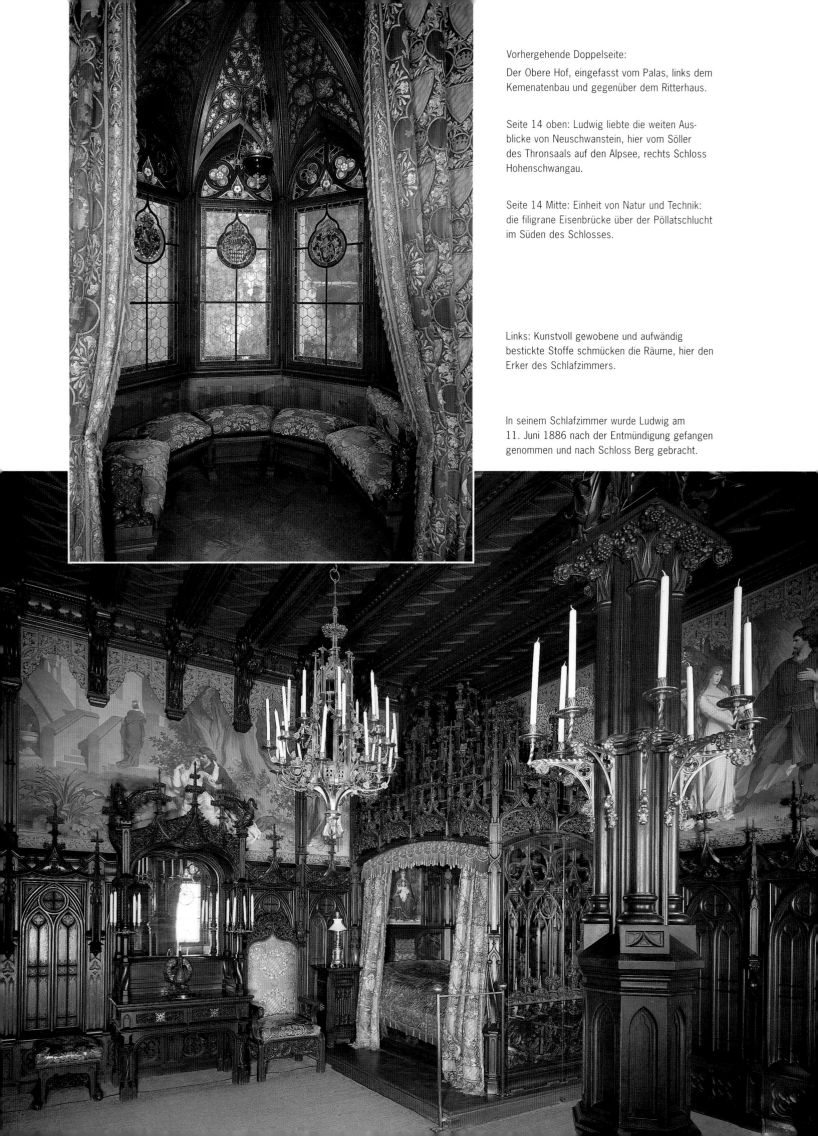

Vorhergehende Doppelseite:

Der Obere Hof, eingefasst vom Palas, links dem Kemenatenbau und gegenüber dem Ritterhaus.

Seite 14 oben: Ludwig liebte die weiten Ausblicke von Neuschwanstein, hier vom Söller des Thronsaals auf den Alpsee, rechts Schloss Hohenschwangau.

Seite 14 Mitte: Einheit von Natur und Technik: die filigrane Eisenbrücke über der Pöllatschlucht im Süden des Schlosses.

Links: Kunstvoll gewobene und aufwändig bestickte Stoffe schmücken die Räume, hier den Erker des Schlafzimmers.

In seinem Schlafzimmer wurde Ludwig am 11. Juni 1886 nach der Entmündigung gefangen genommen und nach Schloss Berg gebracht.

es um etwas anderes, nämlich mit Neuschwanstein die sagenumwobene Gralsburg Montsalvat wieder auferstehen zu lassen. Die Gralswelt war für ihn die ritterlichste und erhabendste Form christlichen Strebens. Erst die neuere kunsthistorische Forschung hat erkannt, wie sehr solche Vorstellungen nur aus der privaten Lebensgeschichte Ludwigs erklärt werden können. Im Mittelpunkt steht dabei der zeitlebens unaufgelöste, ihn schwer belastende Konflikt einer sündhaft empfundenen Erotik und seiner daraus hervorgegangenen innigen Sehnsucht nach Reinheit und Heiligkeit. Schuld und Erlösung sind die Grundbegriffe, nach denen die Sagenvorlagen ausgewählt wurden.

Die Wohnung des Königs ist vom Vorplatz in zwei Richtungen durchschreitbar. Da sie niemals zeremoniellen Zwecken diente, war eine vorgegebene Abfolge der Räume, wie man sie in anderen Schlössern findet, nicht nötig. Nach einem Vorzimmer betritt man das **Speisezimmer** des Königs, wo die Welt des Minnesangs am Hofe Landgraf Hermanns von Thüringen kennengelernt wer-

Ludwig, der sehr religiös war, hatte direkt an das Schlafzimmer angrenzend eine Hauskapelle errichten lassen, die seinem Namenspatron, dem heiligen König Ludwig IX. von Frankreich geweiht ist.

Rückbesinnung auf das Mittelalter und moderner Wohnkomfort schließen sich nicht aus: Aus dem »Schwanenbrunnen« fließen warmes und kaltes Wasser, die Waschschüssel kann durch Kippen in einen Abfluss entleert werden.

den kann. Über den Türen befinden sich die Bildnisse berühmter Sänger: Gottfried von Straßburg, Wolfram von Eschenbach und Reinmar von Zweter. Indirekt wird hier auf das eigentliche Thema des Minnegesangs hingewiesen: die reine, also nicht körperliche Liebe zu einer Frau. Dahinter steht eine ins Irdische übertragene Marienverehrung. Minnesang bedeutet somit auch Überwindung des »Schlechten und Niederen« im Menschen, was die kunstvolle Bronzeskulptur »Siegfried im Kampf gegen den Drachen« auf dem Speisetisch symbolisch ausdrückt. Ludwig hat sich damit selbst ein Denkmal gesetzt.

Im folgenden Raum, dem **Schlafzimmer**, und der kleinen angrenzenden **Hauskapelle** findet ein Stilwechsel zur Gotik statt. Das Spiel mit den Kunststilen ist nicht Ausdruck bauherrlicher Willkür. Der König wollte damit bewusst eine inhaltliche Aussage machen. Die Romanik, die sonst das ganze Schloss prägt, sollte die uralte Herkunft der Sagen andeuten. Die Gotik hingegen wirkt in Anlehnung an die Kathedralen sakral. Das Schlafzimmer ist für Ludwig demnach keinesfalls ein Ort etwa verborgener Vergnügung, sondern eher als eine Art Mönchszelle zu verstehen, freilich mit einer einem König angemessenen Pracht. Die sinnliche Entsagung ist auch das Thema der Malereien: Tristan nimmt von Isolde und damit von der irdischen Liebe Abschied. Erst im Tod sind sie wieder vereint.

Ein (Vor-)Bild der Erlösung in Heiligkeit konnte Ludwig von seinem Lesestuhl aus erblicken. Im mystischen Licht der Glasfenster ist auf dem Altargemälde der Hauskapelle sein Namenspatron, der heilige König Ludwig IX. von Frankreich dargestellt.

Hinter dem Toilettenzimmer liegt das geräumige **Wohnzimmer,** das durch eine Bogenöffnung unterteilt ist. Das Thema der Wandbilder ist die Lohengrin-Sage. Die Darstellungen kulminieren in dem gemalten Gobelinbild mit der Erwählung Lohengrins durch den heiligen Gral, dem so genannten Gralswunder. Wenn Ludwig auf der Bank darunter saß, vor sich einen Tisch, auf dessen Überwurf ein Schwan, das Leitmotiv Neuschwansteins, eingestickt ist, konnte er sich völlig mit der Welt des Schwanenritters Lohengrin verwoben fühlen.

Überraschend ist der Wechsel zum folgenden Durchgang, denn hier – im

dritten Obergeschoss – hat der König eine kleine Grotte gestalten lassen, eine

Das Toilettenzimmer weist wie das Schlafzimmer einen Erker auf. In der dort aufgestellten Schatulle mit einer Darstellung des »Herrenrechts« bewahrte der König seinen Schmuck auf.

Besonders gerne zog sich Ludwig ins Schwaneneck, den an das Wohnzimmer angrenzenden Alkoven, zum Lesen und Träumen zurück.

Anspielung auf die Venusgrotte, die im letzten Raum der Wohnung, dem **Arbeitszimmer**, noch einmal gemalt erscheint. Der Zyklus der Wandbilder zeigt hier die Tannhäuser-Sage, gewissermaßen eine Rekapitulation der gesamten Ausstattungsthematik. Als Minnesänger erlag Tannhäuser der Versuchung und ist in den Venusberg gestiegen, wo er sich der Sinnlichkeit der Frau Venus hingab. Gegenüber dieser Darstellung besingt er auf einem anderen großen Wandbild zum Entsetzen der versammelten Ritterschaft die Göttin der Liebe. Wie Tristan findet er erst im Tod die reine, keusche Liebe zur Landgräfin Elisabeth, die später heilig gesprochen wurde. König Ludwig sah hierin sein eigenes Lebensdrama gespiegelt.

Gewissermaßen die Apotheose, die Verklärung des nach Erlösung sich sehnenden Königs geschieht in dem gewaltigen **Thronsaal** auf der gegenüberliegenden Seite des Palas. Wer nach dem Rundgang durch die durchaus behaglichen, mit warmem Holz vertäfelten und nicht sonderlich hellen Wohnräumen hier eintritt, ist von der kühlen, goldschimmernden Pracht, der strahlenden Lichtfülle und der in diesen Mauern unerwarteten Raumgröße beeindruckt. Unversehens findet man sich in einem byzantinischen Kirchenraum. Vorbild war die Hagia Sophia in Istanbul sowie die historisierende Allerheiligen-Hofkirche in der Münchner Residenz.

In die erhöhte Apsis dieses kirchlichen Thronsaals führen Stufen aus weißem Carrara-Marmor. Gleichfalls in der Farbe der Reinheit sollte der Thronsessel aus Elfenbein mit Goldverzierungen unter einem freistehenden Baldachin errichtet werden. Zur Aufstellung kam es jedoch nicht mehr. Es war gewiss nicht Ludwigs Absicht, hier Hof zu halten. Es ist überhaupt die Frage, ob er den Thron an der Stelle des Altars für sich als bayerischen König hätte aufstellen wollen. In der Sage von der Gralsburg ist vielmehr die Rede von dem »unbekannten Gralskönig«, für dessen Ankunft der Raum errichtet wurde. Dass sich Ludwig in seiner Fantasiewelt insgeheim mit ihm

Es existieren zahlreiche Darstellungen, die Ludwig als den Schwanenritter Lohengrin zeigen. Lithografie von Hans Stubenrauch, München

Der »Landschaftsplastiker« A. Dirigel schuf für Ludwig eine Grotte (im dritten Geschoss!), damit dieser die Sage von Lohengrin, der sich in der Venusgrotte aufhielt, möglichst realistisch nacherleben konnte.

identifizierte, steht indes außer Frage. Darauf spielt nicht nur die gemalte Folge von sechs heilig gesprochenen Königen an, mit Ludwig von Frankreich in der Mitte, zwischen denen stilisierte Palmen als Symbole des ewigen Friedens aufragen, sondern auch das Bild des Heiligen Georg, der den Drachen tötet, auf der Rückseite des Thronsaals. Durch seine Helmzier ist er als Schwanenritter und Herr der Burg Neuschwanstein gedeutet, die im Hintergrund auf einem Felsen aufragt. Die übrigen Wandmalereien haben im Wesentlichen die Taten der fürstlichen Heiligen und den Triumph der christlichen Religion zum Inhalt.

Tritt man zurück in den Vorraum, gelangt man über die Wendeltreppe weiter in das vierte Obergeschoss, wo sich über der Wohnung des Königs der eindrucksvolle Sängersaal befindet. Die Spindel am Ende der Treppe ist als Palme gestaltet, die in einen Sternenhimmel hineinragt. Ludwig, der alles symbolisch durchdacht hat, verstand auch das Emporsteigen bildhaft als Streben nach der Transzendierung des unvollkommenen Lebens in einer ewigen göttlichen Sphäre.

Der **Sängersaal** ist neben dem Thronsaal der Hauptraum im Schloss. Ihn in dieser Form errichten zu lassen, wurde Ludwig von dem sehr ähnlichen Vorbild auf der Wartburg angeregt. Wie dort wird er durch einen Tribünengang an der Längsseite erschlossen. Auch die Lage des Saals unter dem Dach und das Podium an seiner Schmalseite knüpfen unmittelbar an das Vorbild an. Solche Ähnlichkeit ist indes nicht das Ergebnis purer Nachahmung. Ludwig ließ ihn vielmehr im Sinne scheinbarer historischer Authentizität in dieser Gestalt

Am oberen Ende der dem König vorbehaltenen Wendeltreppe bewacht ein Drache den Zugang zum Sängersaal.

Der Thronsaal in Form
einer byzantinischen
Kirche scheint mit kost-
barsten Steinen und
Mosaiken ausgestattet
zu sein. Die Säulen sind
jedoch aus gefärbtem
Stuck und die Darstel-
lungen lediglich gemalt.

Der kronenförmige
Leuchter versinnbildlicht
Ludwigs Herrscherideal
als Mittler zwischen
Himmel (Kuppel mit
Sternen) und Erde
(Mosaik mit Erdkreis).

23

errichten, denn der berühmte Sängerkrieg, von dem auch Wagners Tannhäuser handelt – eine Oper, die der junge Kronprinz mit großer Ergriffenheit gesehen hatte –, soll zu Beginn des 13. Jahrhunderts in diesem Saal der Wartburg stattgefunden haben. Und der Minnesang, die Verherrlichung der »reinen Liebe«, ist ja ein zentrales, ikonographisches Thema des Schlosses. Die bildlichen Darstellungen nehmen jedoch nur im geringsten Teil auf die Sangeskunst Rücksicht.

Im Zentrum steht nämlich die Parzival-Sage. Darin unterscheidet sich der Saal von Neuschwanstein gänzlich von seinem Vorgänger, den Helden und Heilige schmücken. Ludwig hat so auch diesen Raum über die Funktion eines Festsaals hinaus zu einem Kultraum erhoben, ganz im Geiste der Gesamtkonzeption von Schloss Neuschwanstein.

Kunsthistorisch gesehen ist Neuschwanstein als eines der Hauptwerke des Historismus anerkannt. Für die aus aller Welt anreisenden Touristen wurde die imposant auf einem steilen Felsen aufragende Burg dagegen zum Inbegriff des Mittelalters. Es lohnt sich, ein wenig darüber nachzudenken, wie es dazu kommen konnte, ist Neuschwanstein doch in Wirklichkeit eine Fiktion, die Beschwörung einer längst vergangenen Epoche. Neuschwanstein ist aber auch die Realisierung des Traums eines eigenwilligen »Märchenkönigs«, der für sich keinerlei äußere Beschränkung, die seine Herrschaftsidee in Frage stellen würde, dulden wollte. Der Blick in seine von Ludwig für Fremde verbotenen Gemächer hat unweigerlich einen eigenen Reiz. Schließlich und nicht zuletzt beeindruckt aber auch die pittoreske Erscheinung des Schlosses, das mit der majestätischen Gebirgskulisse im Hintergrund eine virtuose Inszenierung von Kunst und Natur ist.

Rechts: Der Sängersaal unter dem Dach des Palas' wurde durch eine Münchner Aufführung von Richard Wagners Tannhäuser angeregt. Vorbild ist der historische Sängersaal der Wartburg.

Links: Auch in der Küche verbirgt sich modernste Technik. So funktioniert der Grill im Hintergrund automatisch über eine Turbine, die durch die heiße Luft des Feuers angetrieben wird, während der Dampf des Herdes nach unten abgeleitet und zur Wärmung des Geschirrs in den Wandschränken genutzt wird.

Neuschwanstein bei Nacht: König Ludwig hätte an solchen Beleuchtungseffekten seine Freude gehabt.

Aus der Ebene um Füssen führt die Reise zu den Ludwig-Schlössern weiter in
das abgelegene Graswangtal. Seit seiner Jugend war Ludwig diese Gegend
vertraut, weil sein Vater dort ein ländliches »Könighäuschen« für die Jagd hatte
errichten lassen. Seine Anziehungskraft erhielt für Ludwig das abgelegene
Hochtal durch das nahe Kloster Ettal, das er als eine von Kaiser Ludwig den
Bayern 1330 gestiftete Gralsburg ansah. Der markante Kuppelbau der noch
heute in weiten Teilen gotischen Klosterkirche schien ihm darauf zu deuten.

Nach seinem Besuch in Versailles im Jahre 1867 wollte der König hier sein eigenes Versailles errichten. Das Projekt nannte er »Meicost Ettal«, ein Anagramm,
das aus dem angeblichen Ausspruch Ludwigs XIV. »L'État c'est moi« abgeleitet
ist. Gleichzeitig klingt in dem Wort auch »my castle« an. Der Name war Pro-
gramm. Hier in »seinem« Schloss wollte er zurückgezogen und fern der Welt
seine Vorstellung eines wahren Königtums leben, wie er es bei Ludwig XIV. ver-
wirklicht fand. Dies konnte nur in einem Raum der Fantasie gelingen, die wahre
Welt sah anders aus. Roh, gefühllos, ohne Verständnis für außergewöhnliche
Ideen, so hatte Ludwig seine Zeit empfunden, nachdem er seinen väterlichen
Freund Richard Wagner auf Druck der Öffentlichkeit aus München weisen
musste, oder sein Vorhaben, der Stadt München ein Wagner-Festspielhaus zu
schenken, zurückgewiesen wurde. Hier in der Einsamkeit der Berge dagegen
konnte sich der menschenscheue König von Unverständnis und Anfeindungen
unbehelligt fühlen.

    Indessen gerieten die Entwürfe für »Meicost Ettal« immer größer, bis sich
Ludwig schließlich entschloss, Neu-Versailles auf der Insel Herrenchiemsee zu
errichten. Im Graswangtal baute er dafür eine »Königliche Villa«, wie Linderhof
zunächst genannt wurde. Wenn hier nun auch ein ganz anderer Gebäudetypus
entstand, so sind doch manche Anspielungen auf das französische Idealvorbild
zu erkennen, nicht zuletzt in den zahlreichen Darstellungen der beiden Lud-
wige, des XIV. und des XVI. In Schloss Linderhof fühlte sich Ludwig II. offen-
sichtlich besonders wohl. Sooft er hier weilte, konnte er sich in seinen Traum-
reisen der Welt von Tausendundeiner Nacht, den germanischen Sagen, dem
Mittelalter und dem Ancien-Régime hingeben. Dazu ließ er in dem weitläufigen
Park den **Maurischen Kiosk** und das **Marokkanische Haus** errichten, die

Trotz der Beschwerlichkeit des Bauens in einem alpinen Hochtal oberhalb von Oberammergau konnte Schloss Linderhof ab 1868 in nur etwa sechs Jahren errichtet werden.

Rechts: Das Schloss ist von einem ausgedehnten Park im englischen Stil umgeben, der nahtlos in die unberührte Natur des Graswangtals übergeht.

Obgleich Schloss Linderhof als Refugium für einen König in Auftrag gegeben war, kann sein Aussehen nicht darüber hinwegtäuschen, dass es dem Typus der großbürgerlichen Villa des späten 19. Jahrhunderts verpflichtet ist.

Venusgrotte oder die Hundinghütte und die Gurnemanzklause. Noch viele
weitere Bauten waren geplant, ein arabischer Pavillon und eine barocke Schloss-
kapelle, Nachbauten des Cuvilliés-Theaters und der Amalienburg sowie eine
mittelalterliche Burg und ein chinesischer Palast von gewaltigen Ausmaßen.

Auf den ersten Blick scheinen Welten zwischen Neuschwanstein und
Linderhof zu liegen. Dort eine Beschwörung des mystischen Mittelalters, hier
ein Wiederaufleben des lichten 18. Jahrhunderts. Aus dem ahistorischen, subjek-
tiven Blickwinkel Ludwigs betrachtet, verschwamm indessen das Unterschei-
dende. Die Fantasie des noch ganz in romantischen Vorstellungen verwobenen
jungen Königs war von der Sehnsucht nach einer in Harmonie geborgenen
patriarchalisch regierten Gesellschaft erfüllt, nach einer Art Paradies auf Erden,
so wie es Ludwig jedenfalls verstand. Ludwig konnte dieses Ideal einmal in der
Rolle des Gralskönigs Lohengrin in seinen Tagträumen verwirklichen, ein ander-
mal als der sakrosankte König des französischen Absolutismus. Bezeichnender-
weise kommt in der Kultur beider Epochen der Harmonie stiftenden »Liebe«,
diesem Leitbegriff in Ludwigs Denken, eine herausragende Bedeutung zu, und
zwar in den subtilen Formen der Minne und der Galanterie.

Tritt man nun vor das Schloss, gewinnt man tatsächlich eher den Eindruck einer Villa, wenn auch einer äußerst prunkvollen. Denn der tempelartige
Mittelteil, in dessen Giebel Genien des Ruhms das bayerische Wappen einrah-
men, vor allem aber die Königskrone hochhalten, lässt keinen Zweifel an der
Stellung des Bewohners. Gleich dem Gotte Atlas, dessen Figur darüber in den
Himmel ragt, trägt er das ganze Firmament auf seiner Schulter. Im Gebäude
selbst umfängt den Besucher vollends die Atmosphäre eines barocken Schlosses. Unmissverständlich drückt das Reiterstandbild des Sonnenkönigs im Vesti-

Das westliche Gobelinzimmer wird
wegen des dort aufgestellten
Aeolodikons, einem Instrument, das
Klavier und Harmonium kombiniert,
auch Musikzimmer genannt.

Obwohl auch im Audienzzimmer
viele Anleihen aus Versailles zu
beobachten sind, verrät die üppige
Dekoration doch den Geschmack
des 19. Jahrhunderts.

Den schiffsförmigen Besteckbehälter
mit dem Emblem des Sonnenkönigs
schufen F. Brochier und E. Wollenweber d. J.
1883/84.

büll aus, wem das Haus gewidmet ist. Die Wohnräume Ludwigs sind im Obergeschoss, dem Piano nobile, angeordnet. Eine zweiläufige Prunktreppe, die von
der nicht mehr erhaltenen »Gesandtentreppe« in Versailles angeregt wurde,
führt hinauf. Die Räume, die symmetrisch um das
Treppenhaus gruppiert sind, variieren alle ein
Thema: Ludwigs Identifikation mit der Bourbonen-
zeit. In den beiden Eckräumen zur Fassade hin
dominieren großformatige Gemälde auf Gobelin-
stoff. In dem rechten Raum sind Themen aus
Ovids Metamorphosen dargestellt, die die Liebe
der Götter verherrlichen, im linken ländliche
Idyllen und Schäferszenen. Solche Erzählungen
galten seit der Renaissance als Sinnbilder des
Goldenen Zeitalters. Zwischen den Gobelinzim-
mern liegt der raffinierte **Spiegelsaal,** in dem alle
Register der künstlerischen Gestaltung des Neo-
barock in hinreißender Übersteigerung gezogen
werden.

Höhepunkte in den Seitenflügeln des
Schlosses sind zwei Räume über ovalem Grundriss.
Im **Audienzzimmer** im Westen hat der zurückgezogen lebende König nie Gesandtschaften empfan-
gen, weshalb es auch eher in einem privaten Sinn
als Arbeitszimmer genutzt wurde, daher auch die
etwas überraschende Platzierung eines allerdings
prunkvollen Arbeitstisches unter dem Baldachin.

Auf der anderen Seite des Gebäudes liegt
das **Speisezimmer.** Auch dies ein Raum der Abgeschiedenheit, denn große Tafeln gab es hier nicht.

Im Speisezimmer bemerkt man um den
Tisch herum einen Einschnitt im Boden.
Darunter verbirgt sich der Aufzug für das
»Tischlein-deck-dich«.

30

Das neben dem Schlafzimmer gelegene Rosa Kabinett diente dem König als Ankleidezimmer. In den Wänden sind Bildnisse von Persönlichkeiten des Versailler Hofes eingelassen.

Ludwigs Mundschenk berichtet in seinen Erinnerungen, dass der König an dem kleinen Tisch »mit einer eingebildeten Gesellschaft zu speisen pflegte«. Zahlreiche ähnliche Beobachtungen sind überliefert, die alle bestätigen, dass der einsame König vor seinem inneren Auge ganze Hofgesellschaften hat erscheinen lassen können. Um bei seinen Wachträumen nicht gestört zu werden, ließ er das berühmte »Tischlein-deck-dich« in der Mitte des Raumes installieren. Im Untergeschoss wurde der Tisch gedeckt und dann mit Hilfe eines Aufzugs über eine Bodenöffnung in das Speisezimmer hochgefahren.

Nicht weniger der Einsamkeit gewidmet ist das **Schlafzimmer** im Nordteil des Schlosses. In dem verhältnismäßig kleinen Gebäude ist es ein verblüffend großer Raum, dazu der am kostbarsten ausgestattete. Seinem Vorbild steht

es kaum nach, dem Prunkschlafzimmer in der Münchner Residenz, das 1730 von Cuvilliés entworfen wurde. Den Grund für diesen Aufwand kann man wohl nur in der Analogie zu Schloss Versailles sehen, wo das Schlafzimmer des Sonnenkönigs das Zentrum des riesigen Schlosses bildet.

Eingebunden ist Schloss Linderhof in die symmetrischen Anlagen eines **Gartens** nach ursprünglich barocken Vorbildern. Vom Hang hinter dem Haus fließt eine lange Kaskade über zahlreiche Stufen hinab. Eine blaue Lilie aus

Wie in allen Schlafzimmern Ludwigs sind auch in Linderhof die teilweise reich mit Goldfäden bestickten Samtstoffe in Blau gehalten, der Lieblingsfarbe des Königs.

Blumen ist nicht zufällig gerade unter dem Schlafzimmer des Königs angelegt. Über seitliche Laubengänge ersteigt man den Hügel und gelangt zum Musikpavillon, von wo der Blick weit über den Park bis zu den Zügen des Ammergauer Gebirges schweifen kann.

Hinter den Baumreihen und Hecken, die das barocke Umfeld des Schlosses wie Rahmen eines Bildes einfassen, beginnt der landschaftlich gestaltete Teil des fünfzig Hektar großen Parks. Er ist der Imagination eines der realen Welt verloren gegangenen Königs gewidmet. Teilweise einst über seine Grenzen hinaus verstreute Bauten markieren die Stationen seiner Traumreise durch ferne Mythen und exotische Länder.

Wenige Schritte sind es vom Musikpavillon zur legendären **Venusgrotte**. Wie natürlich entstanden wirkt sie, und doch ist sie nur eine von Menschenhand geschaffene Illusion, ein räumliches Bühnenbild. Mit einem aus Eisenverstrebungen und Zement künstlich geformten Felsen ist der Hörselberg aus dem ersten Akt von Wagners Tannhäuser wiedererstanden. In seinem Innern befindet sich die Venusgrotte, eine zehn Meter hohe Tropfsteinhöhle mit zwei Nebengrotten. Den meisten Raum nimmt ein künstlicher See ein. Von einem »Königssitz« mit Muschelthron und – noch märchenhafter – von einem goldenen Muschelkahn, in dem sich Ludwig über den See rudern ließ, konnte der König die magische Stimmung aufnehmen und sich das hinter einer bühnenartigen Öffnung dargestellte Geschehen verlebendigen: Tannhäuser, der von seinem Tugendpfad der reinen Liebe abgekommen ist und sich den Reizen von Frau Venus und ihrer Gespielinnen hingegeben hat. Ludwig setzte alle Mittel ein, diese Imagination so traumhaft entrückt wie nur möglich zu gestalten. Dazu waren vierundzwanzig Dynamo-Maschinen installiert worden, eine der frühes-

Vor dem Schloss erstreckt sich ein französisches Parterre, das von geschnittenen Linden- und Hainbuchgängen eingefasst wird.

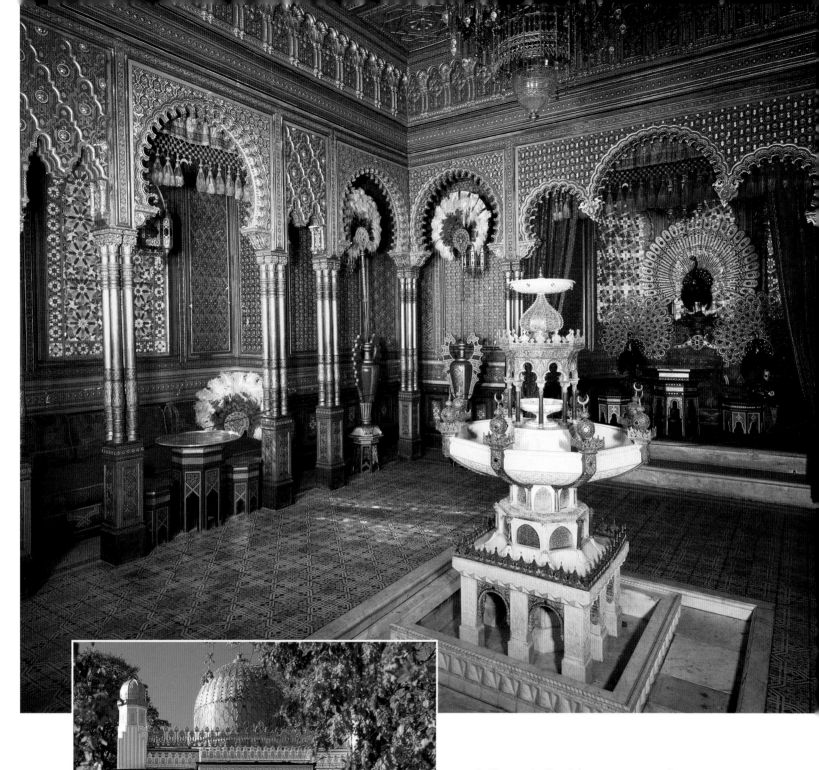

Die perfekte Illusion des Orients in den bayerischen Alpen: der Maurische Kiosk (oben).
Wie eine kleine Moschee ist er in die Parkwälder
von Linderhof eingebunden (unten).

Links: 1876/77 entstand die künstliche Grotte
des Venusberges aus der Tannhäuser-Sage.
Der König ließ sich hier rudern, auch soll er bei
wechselnder bunter Beleuchtung in dem kleinen
See gebadet haben.

ten in Bayern in Betrieb genommenen Strom-
aggregate. Rotierende Glasscheiben von intensi-
ver Farbigkeit erzeugten geradezu psychede-
lische Effekte.

Ludwig griff in seinen Fantasien auf die
unterschiedlichsten Stilelemente zurück. So
auch auf die islamische Kunst, wenn er einen
Maurischen Kiosk errichten lässt. 1876 erwarb er
ihn. Ein Berliner Architekt hatte ihn neun Jahre zuvor als preußischen Beitrag
für die Pariser Weltausstellung geschaffen. Seine Konstruktion aus einem Eisen-
und Holzgerüst ist mit Zinkgussplatten außen und Gipsplatten innen verblendet.
Trotz der technischen Herstellung umfängt einen im Innern eine geheimnisvolle
Atmosphäre. Schummerlicht, das durch bunte Gläser in das Gebäude einfällt,
erzeugt ähnlich verzaubernde Effekte wie in der Venusgrotte. Zentrum des
in seinen Dimensionen überschaubaren Kiosks ist die halbkreisförmige Apsis

35

hinter der Rückwand, die der König nachträglich hatte einbauen lassen. Hier steht sein Thron, eine fantastische Nachbildung des persischen

Pfauenthrons. Selbstverständlich diente auch er nicht offiziellen Audienzzwecken. Ludwig konnte sich hier vielmehr zurückziehen, den Raum auf sich wirken lassen und sich in eine andere Welt denken.

Kaum war der Maurische Kiosk vollendet, gab Ludwig ein weiteres Bauwerk in islamischem Stil in Auftrag, eine Schlossanlage mit einem Hof in der Art der Alhambra. Doch dieses Projekt war selbst für Ludwig zu kostspielig, und so erwarb er auf der Pariser Weltausstellung des Jahres 1878 das **Marokkanische Haus**, ein relativ geräumiges Gebäude. Der König ließ es auf der Stockalpe wieder aufstellen, wobei zahlreiche Veränderungen der dekorativen Teile vorgenommen wurden. Nach dem Tode Ludwigs II. wurde das Haus verkauft. Erst 1980 konnte es von der Schlösserverwaltung zurückerworben und restauriert werden. Wenn man den Park nach Westen verlässt, findet man es etwas abseits im Wald oberhalb des Hauptweges.

Am äußersten östlichen Ende steht die **Hundinghütte**, eine Rekonstruktion nach dem 1945 niedergebrannten Gebäude. Einst lag sie weit vom Schloss entfernt am Fuße der 2185 Meter hohen Kreuzspitze. Ihr Aussehen geht bis in Einzelheiten auf die Beschreibung der »Wohnung Hundings« in Richard Wagners Walküre zurück. Demnach war die primitive Waldhütte aus »rohbehauenem Holzwerk« um den »Stamm einer mächtigen Esche« gebaut. Mit ihren Ästen wächst sie durch das »gezimmerte Dach«. Nur Tage, nachdem der König 1876 auf den ersten Bayreuther Festspielen den »Ring der Nibelungen« besucht hatte, gab er die Errichtung der »Hundinghütte« in Auftrag.

Ein Jahr darauf ließ der König die über Jahre verfallene, unlängst aber nahe bei der Hundinghütte wieder rekonstruierte »Einsiedelei des Gurnemanz« errichten, diesmal nach Wagners Parzifal. Es ist ein Blockhaus aus rohen Baumstämmen. Das Dach ist aus Rinden gebildet. Ein Glockenturm vor der Giebelseite gibt dem Gebäude den Charakter einer Einsiedelei. Heutzutage kann sie nurmehr von außen betrachtet werden, da die Innenausstattung verloren ist.

Auffällig rot-weiß gestreift ist das Äußere des Marokkanischen Hauses, das Ludwig einst in der einsamen Gegend auf der Stockalpe hatte aufstellen lassen.

In die germanische Sagenwelt versetzt die Hundinghütte, ein »begehbares Bühnenbild« aus Richard Wagner Walküre.

Rechts oben: Im Zentrum des Wasserbassins zwischen Schloss und Venustempel schießt die über eine Gefällewasserleitung betriebene Fontäne einen dreißig Meter hohen Wasserstrahl in die Luft. Vor der Terrasse erhebt sich die über dreihundertjährige Linde, die dem Schloss seinen Namen gab.

Unten: Die unlängst rekonstruierte Einsiedelei des Gurnemanz ist nach den Librettoangaben aus Wagners Oper Parzival gebaut (historische Aufnahme).

Mit diesen Nachbildungen wagnerischer Bühnenbilder hat Ludwig Motive aufgegriffen, mit denen er teils als Wandmalerei, teils auch in ähnlich realer Weise bereits Neuschwanstein geschmückt hatte. Wie dort kreisen sie um die gleiche Hintergründigkeit des nach Erlösung sich sehnenden Königs. Nur ist der Eindruck hier in der freien Natur ganz und gar nicht so düster und drückend.

Ein gewundener Weg führt durch den Park zum **Venustempel**, ein Schritt in eine andere Welt. Nach den märchenhaft verwunschenen Partien steht man unvermittelt vor der neobarocken Symmetrie der **Gartenparterres** vor dem Schloss. Erhöht auf einer Terrasse gelegen überblickt der Besucher von dem Monopteros noch einmal dieses historistische Gartenkunstwerk mit der dreihundertjährigen Linde links, die dem Schloss den Namen gab, und dem großen Bassin mit der etwa 30 Meter hohen Fontäne. Dahinter das weiße Schloss und die Kaskade - ein bewusst komponiertes »Bild«.

KÖNIGSHAUS SCHACHEN

Man muss sich schon mit gutem Wanderzeug ausrüsten, um von Garmisch-Partenkirchen oder von Elmau aus zu dem **Königshaus** auf dem **Schachen** zu gelangen. Mehrere Stunden geht es über einen steilen Weg bergauf ins Gebirge. Ludwig hatte ihn als Reitpfad 1869 anlegen lassen. Die Mühen des Aufstiegs werden mehr als belohnt, wenn man auf dem 1866 Meter hohen Bergrücken Schachen angelangt ist und das Haus erblickt, das der König mit Nebengebäuden für Diener, Küche und Stall zwischen 1870 und 1872 im so genannten Schweizer-Stil aus Holz hat errichten lassen. Vor den abweisenden Wänden des Wettersteingebirges erhebt sich das stolze Gebäude. Wie hoch man tatsächlich gestiegen ist, merkt man, wenn man ein paar Schritte weiter von dem »Salettel« die atemberaubende Aussicht auf das tief ins Zugspitzmassiv eingefurchte Reintal oder in das Loisachtal mit Partenkirchen im Hintergrund auf sich wirken lässt. Wie alle Bauten Ludwigs besticht das Königshaus durch seine ungewöhn-

liche Lage und die gelungene Symbiose mit der beeindruckenden Umgebung.

Das breitgelagerte Untergeschoss wirkt fast gedrungen, so mächtig ist es von dem Aufbau des Obergeschosses überragt, als wären zwei Häuser übereinandergestellt. Der Wanderer ahnt, dass sich dort hinter den filigranen Holzornamenten der Veranda ein besonderer Raum verbirgt. In das Haus eingetreten, umfängt den Besucher in den mit Zirbelholz ausgekleideten Zimmern eine ausgesprochen heimelige Atmosphäre. Der Salon, das Arbeitszimmer und Ludwigs Schlafzimmer sowie das Fremdenzimmer und das Lakaienzimmer wirken schlicht, aber trotzdem königlich gediegen.

Nur eine enge Wendeltreppe führt in das Obergeschoss, als wollte es der König so gut es geht von der Außenwelt abschirmen, um hier einen Ort der Entrückung zu schaffen. Die Welt, die einen umfängt, kann man sich nicht kontrastreicher zu den schroffen Gebirgshängen vorstellen, es ist der reine Orient. Die gestochene Ansicht des Raumes eines Palastes in Konstantinopel gab das Vorbild für den türkischen Saal im Schachenhaus. Verlebendigt wird der Raum durch die märchenhafte Stimmung, die vor allem auf die zahlreiche Ausstattung mit Teppichen und gestickten Textilien, mit einem Brunnen, mit Kandelabern, mit Ständern für Pfauenfedern, aber nicht zuletzt auch auf das farblich gebrochene Licht, das durch die Fenster aus rotem, gelbem und blauem Glas einfällt und den Raum verzaubert, zurückzuführen ist. Mit leicht ironi-

Licht und Schatten im Gebirge: die Silhouette des Schachenhauses auf der Nebeldecke über den Hochtälern des Wettersteingebirges.

Die Mühe des Aufstiegs lohnt sich: Blick über das Königshaus auf die Esterberge bei Garmisch-Partenkirchen.

In fast 1900 Metern Höhe ragt eine Villa im Schweizer Stil in den Himmel: Symbol der Sehnsucht des einsamen Königs nach Abgeschiedenheit.

schem Ton berichtet Luise von Kobell, wie der König dort verweilte. Demnach »saß in türkischer Tracht Ludwig II. lesend, während der Tross seiner Dienerschaft als Moslems gekleidet auf Teppichen und Kissen herumlagerte, Tabak rauchend und Mokka schlürfend, wie der königliche Herr befohlen hatte, der dann häufig überlegen lächelnd die Blicke über den Rand des Buches hinweg über die stilvolle Gruppe schweifen ließ. Dabei dufteten Räucherpfannen und wurden große Pfauenfächer durch die Luft geschwenkt, um die Illusion täuschender zu machen«.

Ludwigs Orientliebe war in vielen Zügen Ausdruck einer allgemein verbreiteten Strömung jener Zeit. Schon im 17. Jahrhundert, als die Chinoiserie in höfischen Sphären künstlerischer Stil geworden war, hatte das ferne Asien den Ruf eines irdischen Paradieses. Im 19. Jahrhundert erfassten solche Vorstellungen dann auch die städtische bürgerliche Gesellschaft, wobei sich das Ziel der Sehnsüchte auf die geheimnisvolle »Felix Arabia« ausdehnte. So kann man verstehen, dass es nicht Originalitätssehnsucht oder Prunkliebe waren, die König Ludwig II. zur Anlage des Schachenhauses bewogen. Es war vielmehr die unzugängliche Abgeschiedenheit, die er suchte und die nötig war, um seinen Traum von einer Gegenwelt der Schönheit und Harmonie ungestört zu leben.

Ludwig muss das Königshaus sehr geliebt haben, denn er weilte oft hier. In der Regel während seines Geburtstages am 25. August und ein-, zweimal im Herbst. Der Besucher, der heute in den Sommermonaten hierher kommt, hat zusätzlich die Möglichkeit, den um die Jahrhundertwende vom Botanischen Garten in München angelegten »Alpengarten« zu besichtigen, der unmittelbar vor dem Schachenhaus die ganze Vielfalt der Alpenflora ausbreitet.

Der Kontrast zwischen Außen und Innen könnte nicht größer sein: der Türkische Saal im Schachenhaus.

SCHLOSS HERRENCHIEMSEE

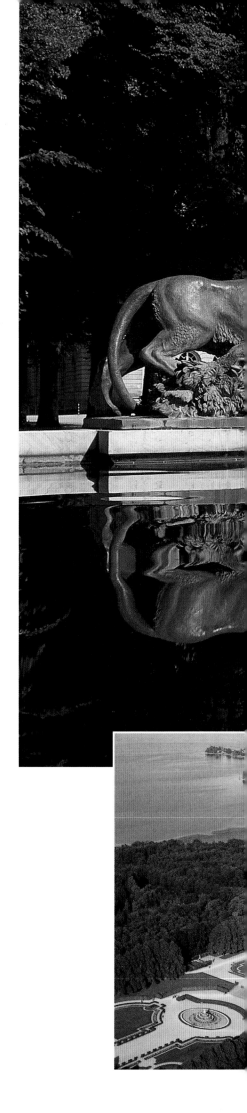

Zu dem dritten Königsschloss müssen wir eine größere Strecke längs dem Alpenrand zurücklegen, bis wir zwischen München und Salzburg an den Chiemsee gelangen. Linderhof war noch nicht vollendet, da wurde am 21. Mai 1878 der Grundstein für das schon seit einem Jahrzehnt geplante **Schloss Herrenchiemsee** gelegt, das ursprünglich unter dem Anagramm »Meicost Ettal« im Graswangtal hätte errichtet werden sollen. Es schmerzte den König außerordentlich, dass dies aufgrund der Größe der geplanten Anlage nicht möglich war. Immerhin diente als Vorbild Schloss Versailles! Alles, was wir in Linderhof bereits als prunkvoll und verschwenderisch bestaunt haben, wird nun noch einmal in einem unvergleichlichen Einsatz an Arbeitskraft und Finanzmitteln um ein Vielfaches überboten.

Wer heute mit dem Schiff von Prien zur Insel Herrenchiemsee übersetzt, wird sich über die reizvolle Natur und den weiten Blick über das Alpenpanorama begeistern. Vielleicht wird er sich auch Gedanken machen, wie ungewöhnlich für ein stattliches Schloss die Lage auf einer abgelegenen Insel ist. Erinnern wir uns deshalb zurück an das auf einem Felsen errichtete Neuschwanstein, an das in einem Hochtal verborgene Schloss Linderhof oder an das jenseits der Baumgrenze gelegene Königshaus am Schachen, dann wird einen kaum die Wahl einer nur mit einem Schiff erreichbaren Insel verwundern. König Ludwig suchte die Einsamkeit, und hier fand er sie geschützt, wie kaum sonstwo. Sicher war für Ludwig auch die Tatsache, dass Herrenchiemsee bis zur Säkularisation eine über tausendjährige Klostertradition aufzuweisen hatte, ein Beweggrund hierher zu gehen. So konnte er gewissermaßen auf heiligem Boden den Kulttempel zur Erinnerung an den König aller Könige, an Ludwig XIV. von Frankreich, errichten.

Nachdem die Insel ab 1803 in unterschiedlichem Besitz war, erwarb sie Ludwig im September 1873. Im Jahr darauf besuchte er auf seiner zweiten Frankreichreise ausführlich Versailles. Die Planung und Ausführung des Gebäudes ging in beeindruckender Zügigkeit vor sich. Ab 1881 konnte der König sein Schloss besuchen.

Romantische Wege führen durch den Wald, der Schloss Herrenchiemsee umgibt.

Rechts oben: Das dem Schloss Versailles nachgebaute Gebäude war »als ein Tempel des Ruhms, worin ich das Andenken an König Ludwig XIV. feiern will« (Ludwig II.) gedacht.

Unten: In unmittelbarer Nähe zur Insel Herrenchiemsee liegt die Insel Frauenchiemsee.

In zwei Bereiche gliedert sich die Raumaufteilung. Im Süd- und im West-flügel ist das Große Appartement untergebracht, das an Ludwig XIV. erinnert, im Nordflügel liegt das für Ludwig II. bestimmte Kleine Appartement. Wie in Versailles befindet sich der Hauptzugang nicht in der Mitte, sondern in einem Seitenflügel. Im **Paradeschlafzimmer** beziehungsweise in der dahinter gelegenen **Spiegelgalerie** gelangt man zu dem triumphalen Höhepunkt der Raumfolge. In subtiler Weise, wie man es bei Ludwig immer erwarten kann, kommt der Gang durch das Schloss einer allegorischen Annäherung an das Weltbild des Bauherrn gleich. Die Anspielungen sind oft in einem Maß diskret, dass sie kaum zu erkennen sind, so etwa im Treppenhaus.

Dass im unteren Bereich eher bläulich-graue und dunkle Töne vorherr-schen, während im Obergeschoss lichte, rötliche Farben dominieren, dass dieser Kontrast symbolisch zu erleben sei, das kann der Besucher erst deuten, wenn er

43

die auffallend platzierten Figuren in der Mitte der Treppenwand dazu in Bezug setzt. Unten steht Diana, die Nachtgöttin mit der Mondsichel im Haar, an einer Quelle. Sie blickt hinab zu einer Nymphe und dem aus einem Brunnen fließenden Wasser. Dem Himmel zugewandt ist der Sonnengott Apoll in der Nische darüber. Mit seiner Lyra steht er für das Reich der Künste. Weist Diana auf Ludwig II., der sich aufgrund seiner seelischen Disposition, aber auch wegen seines Tagesrhythmus – tatsächlich stand er erst am späten Nachmittag auf und ging im Morgengrauen zu Bett – als »Nachtkönig« empfand, so steht Apoll für den Sonnenkönig Ludwig XIV. Von ihm heißt es, dass er sich mit der aufgehenden Sonne erhob, seiner Selbstallegorisierung damit Vorschub leistend. Wie Tag und Nacht ergänzen sich beide Könige in dieser Symbiose zu einem mystischen, ja kosmischen Geschwisterpaar, wenigstens in der poetischen Vision des bayerischen Monarchen.

Folgende Doppelseite:
Links: Das prunkvolle südliche Treppenhaus ist die Rekonstruktion der abgebrochenen »Escalier des Embassadeurs« aus Schloss Versailles im Geschmack des 19. Jahrhunderts.

Rechts: Der wegen seiner Ovalfenster »Ochsenaugensaal« genannte Raum geht auf das »Taufzimmer des Prinzen« in Versailles zurück.

Unten: Ursprünglich sollte das Parterre vor dem Schloss nach einem Idealplan von Carl von Effner um ein Vielfaches größer als heute sein. Der Kanal in der Mittelachse mündet direkt in den Chiemsee.

Rechts: Auf den Rändern der Wasserbecken lagern nach Versailler Vorbild mythologische Frauenfiguren aus Blei.

Unten: Ein Reiterstandbild im Ochsenaugensaal erinnert
an Ludwig XIV.

Rechts: Das Paradeschlafzimmer wurde von Ludwig II.
nie genutzt, da es als Denkmal für Ludwig XIV. gedacht war.

Nach dem **Hartschiersaal**, in dem die militärischen
Siege des französischen Königs gefeiert werden, und dem
Ersten Vorzimmer folgt das feierlich-elegante Zweite
Vorzimmer, das nach den Ovalfenstern im Gesims auch
Ochsenaugensaal genannt wird. Die majestätische Pracht
dieses größten Raumes des Schlosses, den ein Reiterstandbild Ludwigs XIV. beherrscht, erklärt sich aus der Funktion
seines Vorbildes in Versailles. Dort war es das »Taufzimmer
des Prinzen«. Und über seine Taufe fühlte sich der König
ja auch mit den Bourbonen verwandt. Zur Erinnerung:
Ludwig XVI., ein Enkel des Sonnenkönigs, war Taufpate des
in Straßburg geborenen Großvaters Ludwig I. Dieser wurde
wieder Pate von Ludwig II., auch weil er an dessen Namens-
tag zur Welt gekommen war. Diese sakramentale Verbindung
ließ der König mit dem Deckengemälde in die Zeitlosigkeit
antiker Mythologie übersetzen. Dargestellt ist Aurora,
die Göttin der Morgenröte – sie vertritt Ludwig XIV. –,
die ihrem Gemahl Asträos, der die Nacht und den
bayerischen König symbolisiert, den Morgenkuss gibt.
Dabei wallt der immense Sternenmantel vor dem Tages-
himmel zur Seite. Gleiches
wie im Treppenhaus wird hier
ausgedrückt, nur mit anderen
Mitteln und Figuren.
Viel größer als in Versailles ist
das folgende **Paradeschlafzimmer.** Es wurde dem König
als erster Raum 1881 über-
geben, also nur drei Jahre
nach Grundsteinlegung
des Schlosses.
Es ist das Herz
des Schlosses, ein
kultischer Weihe-
raum für Ludwig XIV.,
durch Seidenvorhänge und Beleuchtung
von rötlichem Licht erfüllt. Jeder, der hier
eintritt, empfindet unmittelbar, dass dieser
Raum nicht zum Schlafen gedacht ist.
Wie ein Denkmal steht das Bett
unter einem Baldachin auf
einem Sockel,
abgetrennt vom

übrigen Raum durch

eine Balustrade. Die mächtigen Kandelaber unterstreichen den Eindruck eines Altarbereichs. Im Anschluss an den vorherigen Raum, wo der Morgen dargestellt ist, eilt nun Apoll der aufgehenden Sonne voraus über das Firmament, eine Vergöttlichung des französischen Sonnenkönigs, dessen Züge er trägt.

Im **Beratungssaal** dahinter erscheint Ludwig XIV. auf einem altarhaften Gemälde, auch dies nach dem Wunsch des Bauherrn von zwei Kandelabern flankiert. Aus der himmlischen Sphäre, in die der König im Raum zuvor versetzt wurde, bringt der Götterbote Merkur den Nachgeborenen, so auch unserem Ludwig, Rat und Hilfe – dies das Thema des Deckengemäldes.

Flankiert von **Friedenssaal** und **Kriegssaal** mit ihren gewaltigen Reliefmedaillons erstreckt sich auf der Westseite des Schlosses die **Große Spiegelgalerie**. Mit 98 Metern ist sie acht Meter länger als die »Galérie des Glaces« in Versailles. Damit wollte Ludwig der Bewunderung seines Vorbilds besonderen Ausdruck verleihen. Bis auf konstruktive Änderungen, die die vergrößerte Dimension nötig machte, gleicht die Galerie weitgehend dem Vorbild. In den Deckenfeldern sind wie dort Taten Ludwigs XIV. dargestellt, in denen sich die Geschichte Frankreichs widerspiegelt.

Ludwig besuchte das Schloss in der Regel im Oktober eines jeden Jahres. Sein kurzer Aufenthalt dort ähnelte einer Wallfahrt zum Tempel des götter-

Oben: Wie in Versailles flankieren der Saal des Friedens und der
Saal des Krieges (hier abgebildet) die Spiegelgalerie.

Unten: Auch der Beratungssaal ist Ludwig XIV. »geweiht«, dessen
Bildnis an der Rückwand erscheint.

gleichen Franzosenkönigs. »Sakrosankt«, so nannte der König seinen Namenspatron, und sakrosankt fühlte er sich auch selbst. Die mit dem Taufakt besiegelte heilige Verwandtschaft, die für Ludwig weit über der »rein leiblichen« Abkommenschaft stand, legitimierte seine eigenen Reinheits- und Größenfantasien, in die er sich aus einer ihm unerträglichen seelischen Spannung flüchtete. Um Selbstgewissheit zu finden, kreierte er einen Kult um Ludwig XIV., der deutlich sakrale Züge trägt. Ludwig II. war ein Nachtmensch. In der dunklen Tageszeit, wenn sonst die Menschen schlafen und träumen, wandelte auch er in seiner von ihm selbst entworfenen Traumwelt. Ludwig weilte in der Spiegelgalerie und in den anderen Räumen nur nächtens und ohne weitere Begleitung. Man kann sich die entrückte Stimmung nicht eindringlich genug vorstellen, wenn dann auf den 44 Kandelabern und 33 Lüstern über 2000 Kerzen brannten. Er »erschaute« in den wirklichen Räumen eine unwirkliche Vision. Das gesamte Schloss Herrenchiemsee war so zum Anschauen gedacht, kaum dagegen zum Bewohnen gebaut.

Nur einmal, als der König eine Woche im Jahre 1885 im Schloss weilte, wohnte er dort länger in dem »Kleinen Appartement«. Es schließt sich im Nordflügel an die soeben durchschrittenen Prunkräume an. In vielerlei Hinsicht unterscheidet es sich von ihnen. Die Räume sind wesentlich kleiner. Der Architekturstil geht nicht auf den hochbarocken »Style Louis XIV.« zurück, sondern auf die zarteren Rokokoformen seines Nachfolgers Ludwigs XVI. Und es gibt kein Vorbild hierzu in Versailles, was nur konsequent ist, denn diese Räume sind nicht dem Sonnenkönig gewidmet.

Vertraut mit der Symbolik des Schlosses, erkennt man gleich an der blauen Nachtlampe im Schlafzimmer, das nun folgt, dass wir uns in den Räumen des »Nachtkönigs« befinden. Auch die Nadelmalerei auf der Rückwand des Bettbaldachins hat ein Thema, das mit Ludwigs seelischer (und erotischer) Disposition zusammenhängt, den »Triumph Ludwigs XIV. über das Laster«.

Über das **Arbeitszimmer** gelangt man in den **Blauen Salon**, auch das Erste Spiegelkabinett genannt. Das Spiel mit Spiegeleffekten ist hier so weit über alle Vorbilder des 18. Jahrhunderts hinaus getrieben, dass man

diesen Raum mit Recht als Symbol des gebrochenen Verhältnisses Ludwigs zur wirklichen Umwelt deuten kann: Was ist real, was ist Fiktion?

Bekannt ist das **Speisezimmer** wegen des »Tischlein-deck-dich«, dem versenkbaren Speisetisch. An ihm konnte der König tafeln, ohne von seinen Dienern gestört zu werden. Alleine war er aber nicht. Denn vor den übrigen drei Gedecken »saßen« eingebildete Mitglieder des französischen Hofes, natürlich Ludwig XIV. und Ludwig XVI., aber auch Madame de Pompadour und andere. Mit ihnen führte er Gespräche, ihnen trank er zu.

Die Spiegelgalerie ist in Herrenchiemsee mit 98 Metern acht Meter länger als das Vorbild in Versailles. Ausgemalt ist sie mit den Taten Ludwigs XIV.

Über das preziose **Prozellankabinett**, in dessen Wände, Türen und selbst
den Schreibtisch bemalte Porzellanplatten eingelassen sind, und die elegante
Kleine Spiegelgalerie gelangt man in das nördliche **Treppenhaus:** ein Kontrast
wie ein Faustschlag. Ein Ziegelrohbau ohne jeglichen Schmuck. Geldknappheit
zwang den König, auf den Ausbau zu verzichten. Viele nicht zugängliche Räume
in dem Schloss befinden sich im gleichen Zustand. Auch der Nordflügel, der
nach dem Tod des Königs abgerissen wurde, war im Innern nur als Rohbau vollendet worden. Auch hier Geldmangel? Gewiss im Fall des Treppenhauses, bei

Links: Gegenüber dem rötlichen Ton im Schlafzimmer des »Sonnenkönigs« ist das von Ludwig II., dem »Nachtkönig«, in Blau gehalten.

Rechts: Ein Meißener Porzellanlüster mit 108 Kerzen sowie 16 Wandleuchter und vier Standleuchter mit weiteren 80 Kerzen erhellten das Speisezimmer, wenn der König nachts soupierte.

Unten: Mit einem Aufzug konnte das »Tischlein-deck-dich« ins Untergeschoss gefahren werden, so dass dem scheuen König serviert werden konnte, ohne dass jemand den Raum betreten musste.

den übrigen Räumen aber wohl eher nein, denn für sie gab es nur wenige Anweisungen zur Ausgestaltung. Was hätte darin auch Platz finden sollen! Bewohnt war das Schloss ja so gut wie nicht, und Ludwigs Zweck war mit dem Großen und Kleinen Appartement erfüllt. Wie fast alle ausgestatteten Räume nur zum Erschauen gedacht waren, so auch das Schloss mit seinen ausgedehnten Außenfassaden. Auch ein Blick auf den Grundriss macht deutlich, dass Ludwig keineswegs vorhatte, Versailles zu kopieren. Ihm genügten gewissermaßen Zitate, die in ihrer Gesamtheit das Vorbild evozieren, es aber nicht wiederholen.

In einigen der Rohbauräume des Erdgeschosses wurde 1987 ein Ludwig II.-Museum eingerichtet. Hier kann der Besucher anhand von Dokumenten und Fotos, vor allem aber mittels historischer Exponate wie dem

Taufkleid oder dem Krönungsmantel das Bild dieses »letzten wahren Königs«, wie ihn der französische Dichter Paul Verlaine in einem Poem nannte, vertiefen.

Nahe dem Dampfersteg lädt das Alte Schloss zur Besichtigung ein. Ludwig hatte sich in ihm einige schlichte Räume einrichten lassen, von denen aus er den Baufortgang des Neuen Schlosses beobachten konnte. In ihnen wurde von den deutschen Ministerpräsidenten über das Grundgesetz der Bundesrepublik

Links oben: Das Porzellankabinett ist der intimste Raum des Schlosses. Seinen Namen hat er von den Einrichtungsgegenständen aus Porzellan sowie den Porzellanplatten, die in die Türen und den Schreibtisch eingelassen sind.

Lins unten: Porzellanplatte mit Darstellung der Allegorie der Rhetorik als Türfüllung.

Rechts: Im Gegensatz zum südlichen Treppenhaus musste das im Nordflügel – wie viele andere Räume – aus Kostengründen unvollendet bleiben.

Mitte: Im Nordteil der Insel liegt das Alte Schloss, ein ehemaliges Augustiner-Chorherrenstift. In den Räumen des obersten Geschosses des linken Flügels berieten 1948 die deutschen Ministerpräsidenten über das Grundgesetz.

Unten: Ein Wandgemälde zeigt die Klosteranlage in ihrer barocken Form mit dem nur noch als Fragment erhaltenen Inseldom und einem symmetrischen Garten.

beraten. Zur Erinnerung an diese historische Zusammenkunft wurde ein kleines Museum eingerichtet. Ursprünglich war das Alte Schloss ein Klostergebäude aus der Barockzeit. Wie es seit dem 17. Jahrhundert aussah, zeigt ein Wandgemälde. An das Geviert des Klosters schmiegt sich der Inseldom an, davor lag ein symmetrischer Barockgarten. Umgeben ist die Anlage von Wirtschaftsgebäuden und Anbauflächen. Wegen zahlreicher Umbauten aufgrund gewandelter Nutzungen sind von dem Kloster, vor allem aber von dem Inseldom nur geringe Teile im originalen Zustand erhalten geblieben. Von Verunstaltungen verschont blieben der hochbarocke

Trotz der niedrigen Höhe des Kaisersaals im Alten Schloss kommt die raffinierte Scheinarchitektur gut zur Geltung. Die Darstellungen des Spiegelgewölbes beziehen sich alle auf das Essen.

Rechts oben: Es kam einer Sensation gleich, als 1960 neben den bereits bekannten romanischen Wandmalereien, die ein Salzburger Meister um 1130/50 geschaffen hatte, weitere Darstellungen wie der Kopf eines Propheten (Isaia?) an unzugänglicher Stelle hinter den Gewölbezwickeln entdeckt wurden.

Rechts unten: Frauenchiemsee ist wesentlich kleiner als die Nachbarinsel Herrenchiemsee, ihre kulturelle Bedeutung ist aber aufgrund des seit über 1200 Jahren bestehenden Nonnenklosters nicht geringer.

Das gotische Kirchenschiff der Klosterkirche auf Frauenchiemsee wurde 1688–1702 mit barocken Altären ausgestattet.

Kaisersaal im Fürstenstock. 1713-15 wurde er von dem Münchner Freskanten Benedikt Albrecht mit Kaiserbildnissen und neutestamentlichen Szenen in einer Scheinarchitektur ausgemalt. Der Zeit des frühen Rokoko um 1738/39 gehören die Fresken und der Stuck im Bibliothekssaal des Konventsstocks an, die auf den bekannten Münchner Hofmaler Johann Baptist Zimmermann und seine Werkstattmitarbeiter zurückgehen.

KLOSTER FRAUENCHIEMSEE

Im Gegensatz zu Herrenchiemsee hat die benachbarte Insel Frauenchiemsee ihren klösterlichen Charakter bewahrt. Der Überlieferung nach wurde das Frauenkloster 766 von Herzog Tassilo III. zugleich mit der Männerabtei Herrenchiemsee gegründet. Abgesehen von einer kurzen Unterbrechung nach der Säkularisation besteht es bis auf den heutigen Tag. 1901 wurde es vom Papst zur Abtei erhoben. Den Klosterbezirk betritt man durch die um 816 von König Ludwig dem Deutschen erbaute Torhalle. Wie auch in anderen Torhallen, etwa in Lorsch, befindet sich im Geschoss über der Durchfahrt eine dem Erzengel Michael als Wächter der Himmelspforte geweihte Kapelle. Die sehenswerte **Klosterkirche** Mariä Opferung steht noch auf karolingischen Grundmauern des 9. Jahrhunderts. Mit ihrem Portal und den Fresken aus romanischer Zeit, den spätgotischen Netzrippengewölben und den barocken Altären spiegelt sie die Entwicklung eines guten halben Jahrtausends wider.

DAS KÜNSTLERHAUS EXTER

Julius Exter, Sonniger Morgen, Ölgemälde um 1925, mit einem Blick über die Chiemseelandschaft auf Hochstaufen und Zwiesel.

Die liebliche Landschaft um den Chiemsee ist nicht erst eine Entdeckung Ludwigs II. In einer Zeit, als in Frankreich und England junge Maler aufs Land gingen, um außerhalb der verstaubten Akademiegemäuer neue künstlerische Erfahrungen zu machen, machten sich auch Münchner mit dem Ziel Chiemgau auf den Weg. Schon 1828 ließen sich die ersten Maler auf der Fraueninsel nieder, ein für damalige Zeit revolutionärer Schritt. Denn erstmals wurde die »reine« Natur und das einfache Leben der Landbevölkerung zu einem darstellungswürdigen Motiv. So wie man hier eine Urtümlichkeit und Authentizität entdeckte, die man in der bürgerlichen Großstadt als schon lange entartet empfand, fand man auch im künstlerischen Ausdruck zu neuen Freiheiten.

Links: Im »Haus zum Stricker« richtete sich der Maler Julius Exter seine Wohnung und sein Atelier ein.

Julius Exter, Blumenweg, Ölgemälde um 1920/25, mit einem Blick auf das Blütenmeer im Künstlergarten des Exter-Hauses.

Julius Exter (1863-1939) nimmt unter diesen Künstlern eine besondere Stellung ein. 1898 erwarb der Maler, der auch die Münchner Sezession mitbegründet hatte, in Übersee, einer ländlichen Gemeinde südlich vom Chiemsee, das jahrhundertealte Bauernhaus »Zum Stricker«. Nach seinem Studium an der Münchner Akademie wandte er sich dem Impressionismus zu, später dem Symbolismus. Heutigem Empfinden entsprechen indes vor allem die kleinen expressiven Landschaftsbilder aus dem Chiemgau. Mit vollem Pinsel schuf er wahre Feuerwerke aus Farben und Formen. Sein Künstlerhaus umgab er mit einem idyllischen Bauerngarten, den er wie Emil Nolde, mit dem alleine seine glühende Farbskala verglichen werden kann, oft zum Motiv seiner Bilder machte. Wer sich in dem Garten während der Blütezeit im Frühjahr ein wenig ausruht, versteht, dass Exter in dieser Gegend sein irdisches Arkadien gefunden hat. 1973 wurde sein Atelierhaus der Schlösserverwaltung mit dem gesamten künstlerischen Nachlass vermacht. Seitdem ist es öffentlich zugänglich.

St. Bartholomä am Königssee

Unsere Reise von West nach Ost durch das bayerische Voralpengebiet kommt zu ihrem Endpunkt an den Königssee. »Malerwinkel« – so heißt tatsächlich eine Stelle am Nordufer dieses Alpensees, von dem der weitgereiste Naturforscher von Humboldt sagte: »Die Gegend von Berchtesgaden, von Neapel und Konstantinopel halte ich für die schönsten der Erde.« Schon früh im 19. Jahrhundert war der See Ziel von Malern aus Wien und Berlin, aus Heidelberg und München. Vom Malerwinkel aus kann man gut die ausgedehnte, von jäh aufragenden Felsen eingeschlossene Wasserfläche überblicken, bis hin zu der nur mit dem Schiff erreichbaren Kirche St. Bartholomä und dem danebenliegenden Jagdschloss der Wittelsbacher. Die Maler aufzuzählen, die diese und andere Ansichten gemalt haben, käme einem eigenen Künstlerlexikon gleich. Nur einige herausragende Persönlichkeiten sollen genannt werden. Etwa der Berliner Architekt des Klassizismus Karl Friedrich Schinkel, der 1811 mit Gemälden und Zeichnungen die Gegend für die Landschaftsmalerei der deutschen Romantik entdeckt hat. Josef Anton Koch beeindruckte die Gebirgswelt ebenso wie Ferdinand Olivier, der 1829 eine gesuchte Folge von lithografischen Ansichten herausbrachte. Alle diese Künstler deuteten die Schönheit und Erhabenheit dieser Natur als Ausdruck der Schöpferkraft Gottes. Auch für Caspar David Friedrich wurde die erhabene Gletscherwelt des Watzmann zu einem Symbol der Ewigkeit des Herrn. Fünfzig Jahre später noch kam Adolf Menzel zweimal zur Sommerfrische nach Berchtesgaden, der Anfang des 12. Jahrhunderts gegründeten und bis 1803 existierenden Fürstenprobstei. Sie war der Ausgangspunkt für die Erschließung des Königssees.

Die Morgensonne lässt die Kirche St. Bartholomä und das angrenzende Jagdschlösschen der Berchtesgadener Pröbste im klaren Frühjahrslicht erstrahlen.

Besonders eine kleine Landzunge im unteren Drittel des Sees zog das Interesse der Pröbste auf sich. Sie hatte sich durch das Geröll gebildet, das von dem unterhalb des Watzmann entspringenden Eisbachs angeschwemmt wurde. Schon 1134 wurde dort ein kleines romanisches Kirchlein dem Heiligen Bartholomäus geweiht. Ende des 17. Jahrhunderts wurde dann der markante Bau der kleinen Wallfahrtskirche in seinen noch heute bestehenden Formen errichtet. Die drei Chorapsiden mit Rundkuppel erheben sich über einem kleeblattförmigen Grundriss. Vorbild für diese malerische Architektur war der freilich viel monumentalere Salzburger Dom, der eine ähnliche Choranlage aufweist. Die schönen Stuckornamente und die zurückhaltenden Formen von Altar, Kanzel und Oratorium geben dem Inneren ein ländlich-freundliches Aussehen.

Gleich nach Vollendung des Kirchenbaus wurde das kleine Schloss daneben angelegt. Es diente den Pröbsten und Chorherren von Berchtesgaden zur sommerlichen Erholung, wobei die Jagd eine besondere Rolle spielte. Bis 1715 gab es in der einsamen Gebirgsgegend sogar noch Bären. Natürlich war auch die Fischerei von Bedeutung.

Nach der Verwaisung des Stiftes Berchtesgaden im Zuge der Säkularisation und nach dem Anschluss 1810 an Bayern nahm St. Bartholomä einen neuen Aufschwung. Die bayerischen Könige machten das Stift zu ihrer Sommerresidenz – auch heute noch leben die Nachkommen dort – und St. Bartholomä zu einem ihrer Lieblingsaufenthalte. Max I., Ludwig I. und Max II. veranstalteten hier große Hirsch- und Gamsjagden. Ludwig II. hatte jedoch keinen Bezug zur Jägerei. Trotzdem war auch er dieser Gegend eng verbunden. Als die Kirche wegen Baufälligkeit abgerissen werden sollte, finanzierte er aus seiner Privatschatulle die Instandsetzungsarbeiten. Ein legendärer Jäger war noch einmal der weithin populäre Prinzregent Luitpold, der nach der Absetzung Ludwigs II. und seinem rätselhaften Tod im Starnberger See über viele Jahre in besonders glücklicher Weise die Regierungsgeschäfte führte.

Zahlreiche Geschichten und Erzählungen ranken sich bis heute um die Volksverbundenheit und die Naturliebe der Wittelsbacher Herrscher jener Zeit, die alle – mal mehr und mal weniger häufig – in St. Bartholomä weilten. Seitdem hat sich die kleine, aber doch ganz ungewöhnlich reizvolle Kapelle vor einer majestätisch aufragenden Gebirgskulisse als Wahrzeichen der oberbayerischen Kulturlandschaft ins Bewusstsein ungezählter Besucher eingeprägt.

Rechts: Der Königssee mit St. Bartholomä vor den schroffen Felsen des Watzmanns: Kaum eine andere Ansicht hat so sehr das Bild von »Bayern« geprägt.

Links: Die üppigen Fruchtgirlanden des plastischen Schmucks aus der Erbauungszeit Anfang des 18. Jahrhunderts sollen den Überfluss andeuten, der die Menschen im Paradies erwartet.

Der Tourismus entdeckte früh die Schönheit des Königssees – auch im Winter, was dieser kolorierte Holzstich aus dem Jahr 1889 beweist.

Umschlagvorderseite: Schloss Neuschwanstein, Blick auf den Oberen Hof

Vordere Umschlagklappe: Ferdinand Piloty, König Ludwig II. in Generaluniform
mit Krönungsornat, 1865, König-Ludwig II-Museum, Herrenchiemsee

Hintere Umschlagklappe: Herrenchiemsee, Großer Spiegelsaal

Fotonachweis: Sämtliche Abbildungen stammen aus dem Archiv der Bayerischen
Verwaltung der Staatlichen Schlösser, Gärten und Seen, mit Ausnahme von
S. 38 unten: Norbert Dinkel, München; S. 12: Gerold Jung, Ottobrunn;
S. 1, 3 unten, 11 links unten, 14 oben, 24 unten, 38 Mitte: Matthias Michel,
mm vision, Erling; S. 3 Mitte, 13, 23, 27 oben, 30, 31, 35 unten, 49, 54, 55:
Neumeister Fotografie, München; S. 39, 59 unten, 63: Thomas Peter Widmann,
Regensburg

Kartografie: Anneli Nau, München

© Inhalt und Gestaltung Prestel Verlag, München · London · New York, 2000

Die Deutsche Bibliothek – CIP Einheitsaufnahme
Das Land Ludwigs II. : Königsschlösser und Stiftsresidenzen
in Oberbayern und Schwaben /
Peter O. Krückmann. – München : Prestel, 2000
ISBN 3-7913-2376-8

Prestel Verlag, Mandlstraße 26, D-80802 München
Tel. 089 / 38 17 09-0, Fax 089 / 38 17 09-35

Lektorat: Stefanie Penck
Gestaltung und Satz: Norbert Dinkel, München
Reproduktionen: Reproline, München
Druck und Bindung: Aumüllerdruck, Regensburg

Printed in Germany
Gedruckt auf chlorfrei gebleichtem Papier

ISBN 3-7913-2376-8 (deutsche Ausgabe)
ISBN 3-7913-2386-5 (englische Ausgabe)